HERRAMIENTAS WEB PARA LA COMUNIDAD DE PERSONAS SORDAS

Mª Angeles Martínez Sánchez

2

ÍNDICE

Capítulo 4

Ciudad Sorda Virtual   **49**

5. BIBLIOGRAFÍA   **69**

ÍNDICE DE FIGURAS

23. Relación de cámaras para su selección.

24. Página de inicio de la web ciudad sorda virtual.

25. Barrio de Roberto Prádez.

26. Barrio de Helen Keller.

27. Barrio de Beethoven.

28. Barrio de Juan Luis Marroquí.

29. Barrio de Marlee Beth Matlin.

30. Barrio de Lorenzo Goñi.

31. Barrio de Osvaldo Palladino.

32. Barrio de Francisco de Goya.

33. Barrio de Laurent Clerc.

34. Barrio de Jaime de Borbón.

35. Barrio de Vinton Cerf.

Prólogo

La adopción de las tecnologías de la información y la comunicación están siendo el verdadero motor del desarrollo de las sociedades, transformándolas desde su aspecto social, cultural y económico.

Según se cita en el estudio coeditado por Fundación Telefónica y The Conference Board : *"Un mundo conectado: las TIC transforman sociedades, culturas y economías"* [1] en la última década, el uso de ordenadores se ha duplicado y el de móviles triplicado y los ratios de uso son similares: 86,4 ordenadores por cada cien hogares y 88,4 conexiones móviles.

- Según Julio Linares, consejero delegado de Telefónica S.A, *"en 2020 cualquier dispositivo estará conectado a la red"*.

- India, China, Brasil y México se convertirán en pocos años en los mayores usuarios de TIC del mundo.

Linares señala que *"mirando al futuro, no cabe ninguna duda de que el mundo va a ser cada vez más digital. Los avances de las TIC van a abrir un amplio abanico de posibilidades de mejora en la forma de relacionarnos, de realizar las tareas cotidianas o de trabajar. La digitalización del mundo va a ir más allá de nuestra necesidad de comunicarnos, dando respuesta a la necesidad de las personas de estar siempre conectadas. Nosotros y nuestro entorno seremos cada vez más digitales"*.

El libro detalla cómo las nuevas relaciones que las TIC generan y pueden fomentar y apoyar la innovación, así como permitir la integración de ideas, de valores y de culturas permitiendo que las sociedades avancen. La tecnología por sí sola, se señala en el estudio, no crea ni crecimiento económico ni progreso social. Las relaciones son la clave de las interacciones entre la tecnología y los usuarios. La interacción precisamente entre los usuarios, las empresas y el Estado será quien decida dónde nos conducirá la próxima ola de innovación tecnológica y quién se beneficiará de ella.

Desde un aspecto social, hay iniciativas o entidades que están contribuyendo al progreso y bienestar de las personas con discapacidad mediante el apoyo, fortalecimiento y desarrollo de diferentes organizaciones sociales que llevan a cabo proyectos que atienden e intentan cubrir las necesidades de la comunidad usando muchas veces las tecnologías web como medio de interacción con la comunidad sorda. En [2] realizamos un análisis de entidades de representación de la comunidad sorda que junto organismos públicos y/o privados han desarrollado proyectos que favorecen la integración y autonomía y mejora de la calidad de vida de las personas con discapacidad auditiva utilizando las TICs. En particular nos centramos en dos entidades:

1. Confederación Nacional de Sordos, y
2. la Fundación de la Confederación Nacional de Sordos.

Algunas de las entidades que han colaborado con ellas para desarrollar proyectos tecnológicos son las siguientes [2]:

1. CONSEJERÍA PARA LA IGUALDAD Y BIENESTAR SOCIAL
2. CONSEJERÍA DE ECONOMÍA, INNOVACIÓN Y CIENCIA
3. FUNDACION TELEFÓNICA
4. FUNDACION ORANGE
5. FUNDACIÓN VODAFONE
6. MINISTERIO DE INDUSTRIA, TURISMO Y COMERCIO
7. FUNDACIÓN CASER
8. EMPRESA PUBLICA DE ADMINISTRADOR DE INFRAESTRUCTURAS FERROVIARIAS (ADIF)
9. FUNDACIÓN DE TECNOLOGÍAS SOCIALES (TECSOS) DE LA CRUZ ROJA Y VODAFONE
10. La empresa de telecomunicaciones QUALCOMM
11. FUNDACIÓN ONCE
12. BANKINTER
13. FUNDACIÓN MAFRE
14. EN-SEÑA COMUNICACIÓN ACCESIBLE S.L.

Algunos proyectos tecnológicos que han desarrollado estas entidades de representación de la comunidad sorda son los siguientes:

- **Proyecto Svisual**: Esta plataforma de video-interpretación permite a sus usuarios la comunicación a distancia y en tiempo real con otras personas sordas u oyentes. Cualquier persona sorda o con discapacidad auditiva puede acceder al servicio de interpretación que ofrece SVIsual, y comunicarse con total autonomía en lengua de signos española, lengua oral, mediante la lectura labial o a través de sistema Chat.

- **Proyecto TELPES** pretende "resolver el problema de la tele-asistencia inaccesible" a las personas mayores sordas, que según el Instituto Nacional de Estadística (INE) son un total de 463.990, aunque no todas precisarán de este servicio por no vivir solas. Para ello, el usuario dispone de una unidad de videollamada conectada a la televisión que le permite comunicarse con las personas de Cruz Roja a través de lengua de signos, si la conoce, imágenes y pictogramas sencillos diseñados para tal efecto.

- **Proyecto ciudad sorda virtual** es un proyecto llevado a cabo desde la Fundación CNSE para la supresión de las barreras de comunicación en la Web. Esta ciudad sorda virtual es la primera comunidad en la Red especialmente dirigida a las personas sordas y un verdadero ejemplo de accesibilidad a la información. Una urbe de vanguardia en Internet mediante la cual la Fundación CNSE ha trasladado la innovación tecnológica al entorno de las personas sordas. Ciudad Sorda Virtual se encuentra estructurada en distintos barrios temáticos y dispone de un amplio abanico de espacios y recursos totalmente adaptados a sus usuarios, que no encuentran en ella ninguna limitación a la hora de utilizar servicios, participar en sociedad e intercambiar información, ya que a través de la incorporación de vídeos en lengua de signos española se han eliminado todas las barreras de comunicación.

- **Proyecto sistema de traducción de voz a lengua de signos española para un servicio público de atención personal** pretende desarrollar y evaluar una arquitectura software que permita la traducción en los dos sentidos de voz a Lengua de Signos Española (LSE). El resultado de la traducción se signa mediante un agente animado en 3D.

- **Proyecto de Signoguías para museos** son unos dispositivos portátiles multimedia (PDA) equipados con reproductores de vídeo, en los que se explican los contenidos seleccionables en Lengua de Signos Española y subtitulado. Su objetivo es proporcionar autonomía en la visita al Museo a las personas sordas, mediante un manejo sencillo y una cómoda navegación.

En este libro presentamos un estudio sobre las principales iniciativas tecnológicas en la Web que en el ámbito de la discapacidad auditiva, contribuyen sin duda alguna a disminuir la brecha digital y las barreras de comunicación así como el acceso a la información. En particular, nos centramos en analizar las funcionalidades de los Web sites de las dos instituciones de ámbito nacional que representan a la comunidad sorda,

1. Confederación Española de Personas Sordas. (www.cnse.es)

2. Fundación CNSE para la supresión de barreras de comunicación.(www.fundacióncnse.org)

y de los Web sites de dos de los proyectos más significativos y de mayor impacto que más han contribuido a la eliminación de barreras en el acceso a la cultura, a la información, a la formación y a la mejora de las relaciones sociales:

3. Svisual. (www.svisual.org)

4. Ciudad Sorda Virtual.(www.ciudadsorda.org)

Creemos que este libro sea una muestra de los avances tecnológicos que están contribuyendo a mejorar la calidad de vida y la integración en nuestra sociedad de la comunidad sorda, así como, una referencia a los miembros de la comunidad sorda para un mejor uso y aprovechamiento de los recursos que ofrecen estas tecnologías web.

CAPÍTULO 1

WEB SITE DE LA CONFEDERACIÓN ESTATAL DE PERSONAS SORDAS
(CNSE)

1.1 INTRODUCCIÓN

La CNSE, Confederación Estatal de Personas Sordas, es una Organización No Gubernamental, sin ánimo de lucro, declarada de Utilidad Pública desde 1984 que defiende y atiende los intereses de las personas sordas de todo el Estado español, independientemente de cuál sea su grado de sordera y situación individual, así como a sus familias. La CNSE trabaja también en el ámbito internacional y está reconocida como Organización No Gubernamental de Desarrollo [3].

Desde 1936 viene luchando por la inclusión social de las personas sordas. En este sentido, ha promovido importantes medidas en nuestro país para eliminar las numerosas barreras que impiden a este colectivo el acceso a la información y a la comunicación así como su participación plena en la vida social, política, económica y cultural.

La Confederación está integrada por 17 federaciones territoriales de personas sordas -una por cada Comunidad Autónoma- y por la asociación de la Ciudad Autónoma de Melilla. Estas federaciones, a su vez, integran a más de 115 asociaciones provinciales y locales de personas sordas.

Asimismo, acoge entre sus miembros colaboradores a distintas entidades entre las que destacan diversas asociaciones de madres y padres de niños, niñas y jóvenes sordos.

La CNSE es, históricamente, la Organización representativa del Movimiento Asociativo de la comunidad lingüística de personas usuarias de la lengua de signos española.

1.2 DESCRIPCIÓN DE LA PÁGINA WEB

La URL de la página web de la CNSE es WWW.CNSE.es (Figura 1).

Figura 1. Página principal del Web Site de la CNSE

En la parte superior central de la página de inicio existe un menú con tres opciones o pestañas que pinchando sobre ellas dan acceso a la siguiente información:

Pestaña nº 1 : La CNSE: Informa sobre qué es la Entidad y sus objetivos, da a conocer su historia, órganos de gobierno, su participación en organismos nacionales e internacionales, la labor de su comisión de juventud, los congresos que organiza , los premios y reconocimientos obtenidos, así como otros aspectos relevantes de la asociación como sus Estatutos y dónde asociarse. Así mismo proporciona información sobre la creación de la Fundación de la CNSE para la supresión de las barreras de comunicación.

Pestaña nº 2: La Lengua de Signos: Habla sobre la importancia del acceso a la comunicación y la información de las personas sean estas sordas u oyentes, signantes o no. Contiene un índice con el que puedes acceder a la siguiente información: verdades y mentiras sobre las personas sordas, la lengua de signos, la lengua de signos catalana, el reconocimiento de la lengua de signos y para finalizar informa sobre dónde podemos aprender la lengua de signos y cómo podemos acceder a ser profesionales intérpretes de la lengua de signos española.

Pestaña nº 3: Ámbitos de Actuación: La CNSE trabaja para ofrecer una respuesta adecuada a las distintas necesidades que presentan las personas sordas y actúa de manera específica en aquellos ámbitos que afectan directamente a todo el colectivo como son la accesibilidad, las familias, la lengua de signos, la educación, el Movimiento Asociativo, la cultura sorda y las NN.TT, entre otros.

Pestaña nº 4: Comunicación: El Área de Comunicación de la CNSE tiene como principal objetivo difundir una imagen veraz y libre de tópicos que muestre la realidad de las personas sordas en nuestro país. Para dar visibilidad a esta comunidad, en una sociedad mediática como la actual, la organización pone todos sus recursos a disposición de periodistas y medios de comunicación. En este apartado, los profesionales de la información, pueden consultar el dossier de prensa de la entidad, acceder a las mejores imágenes de archivo y a su revista institucional, **Faro del Silencio**. En este espacio también podrán conocer las principales noticias, ofertas laborales, informes y acontecimientos informativos que nos acercan puntualmente a la actualidad de la comunidad sorda.

A continuación tenemos una serie de ventanas que dan acceso a la siguiente información:

- Año Europeo del voluntariado

- Svisual

- Aniversario de la CNSE

- Web juventud sorda

- Mensaje de la presidenta en el 75 Aniversario de la CNSE.

Y otras pestañas con información de actualidad.

1.3 ANÁLISIS DE ALGUNA DE LAS VENTANAS MÁS INTERESANTES

A) Aniversario de la CNSE

Una vez abierta esta ventana, a golpe de vista podemos observar todo su contenido que ha sido destacado en colores.

Al contenido que nos proporciona esta ventana se puede acceder de dos formas diferentes: a través del mapa Web y/o pinchando sobre cada uno de los recuadros que están identificados con la información que contienen y que están situados en la parte superior: Historia, Mapa Web, Noticias, Programación, inscripción, Teatro, Cómo llegar, Albergues y Fiesta 75 Aniversario.

Destacar la importancia que se le ha dado a la lengua de signos. Así podemos observar que cuando nos posicionamos por ejemplo sobre la palabra "Historia" y pinchamos sobre ella, aparece un video con la imagen de D. Luis Marroquí, fundador de la CNSE, hablando en lengua de signos y haciendo un recorrido por la historia de la CNSE.

La característica particular de esta pantalla es que cada uno de los contenidos de las ventanas, por defecto, aparece en lengua de signos y podemos pinchar sobre la palabra "leer" que aparece junto a la imagen, para que la información aparezca en texto (ver Figura 2).

Figura 2. Ejemplo de información con imagen y texto

B) Fiesta 75 Aniversario

Esta ventana está preparada para acceder, en directo, a los actos que se celebrarán con motivo de la fiesta del 75 Aniversario que tendrá lugar el día 24 de septiembre de 2011.

C) Web Juventud Sorda

Desde esta página de Inicio tenemos acceso a la siguiente información relacionada con la Comisión de juventud de la CNSE. :

- Quienes somos
- Organizaciones de Juventud.
- Comunicación
- Agenda
- Galería
- Información de interés.

A continuación vamos a descubrir el contenido de cada una de estas pestañas:

Quienes Somos: En esta pestaña podemos obtener información acerca de los miembros que componen la Comisión de juventud sorda de la CNSE. Cada uno de los responsables de la Comisión hace su propia presentación en video (figura 3).

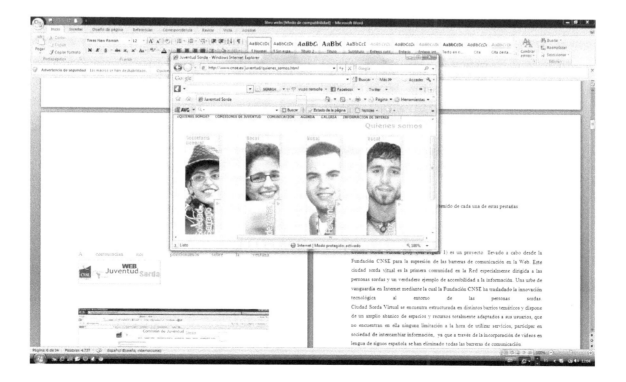

Figura 3.Presentación de la comisión de juventud de la CNSE

Organizaciones de Juventud: En ella se identifican las asociaciones de juventud de las federaciones afiliadas a la CNSE. Proporciona información actual y que pueda ser de interés para las comisiones de jóvenes cuyas asociaciones están afiliadas a la CNSE.

A modo de ejemplo "La Comisión de Juventud Sorda de la CNSE ha hecho pública una página web con contenidos relacionados con la Asamblea General de la EUDY 2011 (EUDY GA 2011) – que tendrá lugar en Madrid los próximos días 21 y 22 de octubre de 2011 – en Signos Internacionales e inglés. Para verla, **Web EUDY GA 2011**…….."

(Recogido de la página Web de la CNSe)

Agenda: Proporciona una relación de jornadas, congresos, campamentos programados para el año en curso.

Galería: Posicionándonos sobre esta pestaña podemos acceder a una galería de fotos de todos y cada uno de los actos organizados por las distintas comisiones de juventud (figura 4).

Figura 4. Galería de fotos.

Por último, destacar que desde la página de Inicio podemos acceder a noticias y convocatorias de rigurosa actualidad relacionadas con el ámbito de la discapacidad en general y con la comunidad sorda en particular. Este tipo de noticias se van actualizando continuamente.

1.4 ANÁLISIS Y DISCUSIÓN:

Algunas de las principales características del Web Site de la CNSE son las siguientes:

- En primer lugar destacar que es una página Web llena de color y es muy intuitiva.

- En cuanto al contenido es una página que está actualizada con toda la información sobre proyectos y actividades que la entidad ha desarrollado y va a desarrollar.

- Cuenta con información sobre enlaces a otras páginas que pueden ser de interés a los usuarios.

- Lo que más destaca en esta Web Site es la accesibilidad al contenido de la página. Todo ello es accesible en lengua de signos y en texto.

- Si estudiamos su Page Rank presenta un score de 7 sobre 10, lo que nos indica que es una página bien posicionada en Google y con alta relevancia en la Web.

- Presenta enlaces a redes sociales como Facebook y Twiter.

Algunas mejoras que debieran de introducirse son:

- No cuenta con herramientas que fomenten la participación de la comunidad sorda en sus actividades, por ejemplo mediante foros o aplicaciones Web 2.0.

- No permite el acceso a los documentos que edita la entidad, o sea, no cuenta con un servicio de biblioteca digital público.

- No da información sobre los estándares y normas de calidad y usabilidad que cumple.

CAPÍTULO 2

FUNDACIÓN CONFEDERACIÓN ESTATAL DE PERSONAS SORDAS PARA LA SUPRESIÓN DE LAS BARRERAS DE COMUNICACIÓN (Fundación CNSE)

2.1 INTRODUCCIÓN

La Fundación CNSE para la Supresión de las Barreras de Comunicación es una organización estatal, sin ánimo de lucro, desde la que se impulsa la investigación y el estudio de la lengua de signos española, se trabaja por mejorar la accesibilidad de las personas sordas en todos los ámbitos y se promueve el desarrollo de proyectos que mejoren la calidad de vida de las personas sordas y de sus familias [4].

La Fundación CNSE nace en 1998 por voluntad de la Confederación Estatal de Personas Sordas, CNSE, organización que atiende los intereses de las personas sordas y sus familias en España, y cuya Web Site ya ha sido estudiada en capítulo 1.

De esta forma la CNSE constituye esta Fundación para apoyar, a través de proyectos, programas y servicios, su labor hacia la plena participación social de las personas sordas.

La Fundación CNSE se plantea dos grandes retos:

- En el ámbito social, impulsa una presencia más activa y una mayor participación del colectivo de personas sordas, dando siempre apoyo al movimiento asociativo de personas sordas en particular y al de la discapacidad en general.

- En el ámbito personal, trabaja para lograr el máximo grado de autonomía e independencia para el colectivo de personas sordas.

La Fundación se ha consolidado como referente para la normalización lingüística de la lengua de signos española, su difusión, enseñanza y buen uso.

2.2 DESCRIPCIÓN DE LA WEB

Como se puede observar la página de inicio de la Fundación CNSE (ver Figura 1) está dividida en dos partes, una barra con cinco descriptores que dan acceso a contenido de tipo muy concreto sobre la entidad y la página Web y debajo hay tres pestañas que aglutinan toda la información, accesible en lengua de signos y texto, sobre la Entidad: Menú, Actualidad y Destacados.

Figura 5. Página principal de la Web Site de la Fundación CNSE

A continuación, entraremos a describir con detalle el contenido de esta Web Site. En primer lugar vemos una barra de herramientas con los siguientes descriptores que pinchando sobre cada uno de ellos nos proporcionarán información:

a) **Inicio,** b) **Mapa Web**, c) **Contacto**, d) **Ayúdanos a mejorar**, e) **Accesibilidad**

Describimos a continuación los más interesantes:

Mapa Web: A través de este descriptor tenemos acceso de una forma sencilla y descriptiva de todo el contenido de la página Web.

Contacto: Proporciona la dirección de correo electrónico y números a través de los que podemos contactar con la Fundación así como la dirección de la sede y un mapa para su localización.

Ayúdanos a Mejorar: Desde aquí se pueden hacer sugerencias con el fin de mejorar la página Web, para ello debes identificarte introduciendo los datos personales y a continuación pinchar en enviar.

Accesibilidad: Describe las pautas de accesibilidad que se han tenido en cuenta a la hora de crear esta Web Site.

También tenemos otra parte del menú con acceso a tres ventanas que destacan por su tamaño y color y que dan acceso al siguiente contenido:

2. Menú; 2. Actualidad; 3.Destacados.

A. **MENU**

En la opción de Menú (ver Figura 6) accedemos a los siguientes ítems:

Figura 6. Opciones de Menú

Qué es la Fundación CNSE

Resultados y calidad

Lengua de signos española

Accesibilidad y tecnología

Formación

Educación

Cultura

Familias e infancia

Información y concienciación

Premios y reconocimientos

Conviértase en una empresa accesible

Enlaces de interés

Entidades colaboradoras

A continuación vamos a explicar el contenido de cada uno de los ítems que se relacionan en el menú:

Qué es la Fundación CNSE.

Desde aquí se hace una introducción sobre lo que es la Entidad CNSE y a continuación podemos acceder a otras pestañas que nos proporcionan la siguiente información: órganos de gobierno; misión, visión y valores; principios generales de actuación; objetivos; equipo humano; nuestro entorno; para quién trabajamos y expone una galería de fotos.

Resultados y calidad.

En cuanto a los resultados, desde aquí se puede acceder a la memoria anual de la gestión realizada por la Fundación CNSE de los años 2007 a 2009, sin embargo, podemos observar que aún no se ha presentado la del año 2010.

Respecto a la calidad, "La Fundación CNSE ha recibido el Sello de la Excelencia Europea EFQM (ver figura 7) que concede el Club Excelencia en Gestión, y que acredita la labor realizada por la organización para adoptar una cultura de mejora continua en su gestión integral, sumándose así a la lista de entidades del movimiento asociativo y a la propia CNSE, que ya cuentan con él.

Figura 7. Sello de excelencia EFQM

Con este reconocimiento, la Fundación CNSE, entidad referente en la normalización de la lengua de signos y en el desarrollo de iniciativas que contribuyan a mejorar la calidad de vida de las personas sordas, ve refrendado su compromiso hacia la excelencia

Actualidad

En este apartado están publicadas las noticias de interés más actuales relacionadas con la Fundación CNSE.

Lengua de signos española.

Trata los siguientes aspectos:

- **Planificación y normalización lingüística.**: Proporciona información sobre la labor de la Fundación CNSE respecto a la normalización, planificación de su uso y aprendizaje de la lengua de signos proponiendo políticas de difusión de la lengua natural de las personas sordas. Desde aquí se puede acceder a ver cuáles son las actuaciones más relevantes en este ámbito.

- **Investigación en LSE**: La Fundación CNSE ha invertido en la investigación de la lengua de signos, "dichas investigaciones avalan los valores lingüísticos de este idioma favoreciendo su reconocimiento y normalización social". Desde aquí se puede acceder a las investigaciones más importantes con las que ha colaborado la CNSE.

- **Elaboración de diccionarios y materiales lexicográficos de la LSE**

Accesibilidad y tecnología

Desde aquí se puede acceder a los proyectos de innovación tecnológica de la Fundación CNSE que permiten que el colectivo de personas sordas participe de la sociedad de la información en igualdad de condiciones que el resto de la ciudadanía y, por otra, contribuye a la consecución de una vida plenamente accesible dicho colectivo.

Dichos servicios son:

-Servicio de Intérpretes de Lengua de Signos Española

- La video-interpretación en lengua de signos española "hace posible, tanto a personas sordas o con discapacidad auditiva como a personas oyentes, comunicarse entre sí mediante la figura del video-intérprete de lengua de signos. *SVIsual* es la primera plataforma de video-interpretación para personas sordas de nuestro país, que permite a usuarios la comunicación a distancia y en tiempo real con otras personas sordas u oyentes, en la modalidad comunicativa que elijan. Cualquier persona sorda o con discapacidad auditiva podrá acceder al servicio de interpretación que ofrece *SVIsual*, y comunicarse con total autonomía".

Formación

Podemos acceder a la información sobre cursos en lengua de signos destinados tanto a personas sordas como oyentes .Las áreas de formación son las siguientes:

Formación para el empleo de personas sordas; formación de ILSES; formación on-line en L.S.E; Formación en L.S.E. a Entidades.

Educación

Se realiza una importante línea de acción centrada en el desarrollo del currículo educativo de la lengua de signos española y su introducción en los planes de estudio como primera lengua entre el alumnado sordo, y como asignatura optativa para el conjunto del alumnado.

Cultura

Su principal objetivo es la promoción de la lectura entre las personas sordas, incidiendo especialmente en la infancia sorda. Algunos de los principales proyectos:

Signos que Cuentan, Cuentos que Signan.

Leyendo entre Signos.

Lengua de Signos, Lengua de Libros: Campaña para el Fomento de la Lectura entre las Personas Sorda.

Las Aventuras de Don Quijote. Acercando el Quijote a la Infancia Sorda.

Familias e infancia

La Fundación CNSE en colaboración con federaciones de la red asociativa de la CNSE y otras entidades del movimiento asociativo de familias trabaja en programas de atención, de formación y de intervención,

Información y concienciación

La Fundación CNSE organiza y participa en eventos y campañas que favorecen un mayor conocimiento y entendimiento del lectivo de personas sordas.

En el resto de apartados podemos encontrar información de interés como premios y reconocimientos, cómo convertirse en una empresa accesible , enlaces de interés y las entidades colaboradoras.

B. ACTUALIDAD

En esta ventana podemos encontrar un tipo de información que se va renovando con cierta rapidez ya que informa de acontecimientos, actividades, cursos etc….que están programados

Por ej: La participación de la Fundación CNSE en las Audioguías inclusivas de Ávila.

C. DESTACADOS

Desde esta ventana podemos acceder a estos servicios:

Diccionario normativo de lengua de signos española: Tesoro de la LSE.

Servicio SVisual de video interpretación en lengua de signos

Mi hijo sordo: un mundo de respuestas: Un decálogo sobre cómo actuar con los hijos según su edad.

Poemas en Lengua de Signos.

Diccionario normativo de la lengua de signos española: Tesoro de la L.S.E.

Para acceder a su contenido debes registrarte aportando los datos que aparecen en la Figura 8.

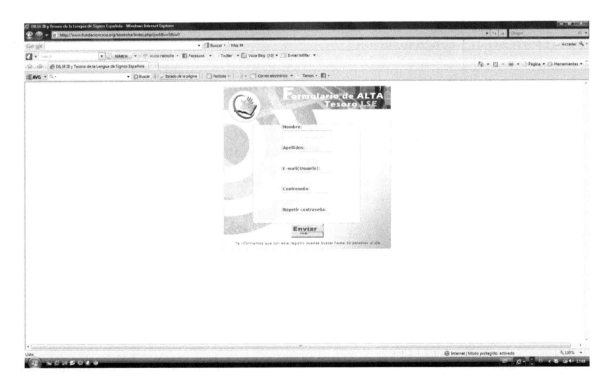

Figura 8. Formulario de alta para acceder al diccionario normativo de L.S.E.

Podrás consultar hasta 10 términos al día de forma totalmente gratuita.

También podrás acceder a otros diccionarios relacionados con la lengua de signos.

Servicio SVisual de video interpretación en lengua de signos

Desde esta ventana puedes acceder a la página Web de Svisual (www.svisual.org) Servicio de video interpretación en lengua de signos.

En el capítulo 3 estudiaremos a fondo cómo se utiliza esta web site.

Mi hijo sordo: un mundo de respuestas

Desde esta ventana puedes acceder a la página web www.mihijosordo.org.

Se trata de un servicio de orientación familiar que proporciona una serie de directrices a seguir con los hijos sordos según la edad de estos.

Poemas en Lengua de Signos.

Una vez situados sobre la ventana Poemas en lengua de signos: Miguel Hernández accedemos a una serie de poemas traducidos a la lengua de signos y por tanto accesibles a las personas sordas.

Para finalizar con el estudio de esta web Site, encontramos una ventana que nos da acceso a las NOVEDADES más importantes de la Fundación CNSE como es el caso de los nuevos cursos formativos de lengua de signos española.

2.3 ANÁLISIS Y DISCUSIÓN

Características más destacadas del Web Site.

Ventajas:

- Se trata de una Web con un formato muy sencillo, con unas palabras descriptivas claras que dan acceso al contenido al que hacen referencia.

- La página Web ha recibido el sello a la excelencia europea EFQM concedida por el Club de Excelencia en gestión.

- Si estudiamos su Page Rank presenta un score de 7 sobre 10 lo que nos indica que es una página bien posicionada en Google y con alta relevancia en la Web.

- Presenta enlaces a otras páginas Webs relevantes para la comunidad sorda.

- Proporciona información sobre los estándares y normas de calidad y usabilidad que cumple.

- Da acceso a un diccionario de la lengua de signos, útil para cualquier persona sordo/a u oyente.

- Da especial importancia al ámbito familiar donde se desarrolla la vida de una persona con discapacidad auditiva y proporciona habilidades a los padres y madres para acoger con normalidad al miembro de la familia sordo/a.

- Da acceso al servicio de video-interpretación Svisual directamente.

- Se adapta a las **Pautas de Contenido Accesible en Web 1.0**

Inconvenientes:

- Respecto al contenido, hay información obsoleta.

- No hay enlaces a las redes sociales como Twiter y Facebook.

- No hay un foro donde el/la usuario/a pueda discutir e intercambiar información.

CAPÍTULO 3

SVISUAL. SERVICIO DE VIDEO INTERPRETACIÓN PARA LAS PERSONAS SORDAS.

3.1 INTRODUCCIÓN

S-visual el primer portal de España dedicado a proporcionar un servicio de video-interpretación en Lengua de Signos Española (Figura 5). La Fundación CNSE para la Supresión de las Barreras de Comunicación en colaboración con la Confederación Estatal de Personas Sordas (CNSE) ha desarrollado este proyecto en 2010, financiado por el PLAN AVANZA, que cuenta con el apoyo del Ministerio de Industria Turismo y Comercio, el Ministerio de Educación, Políticas Sociales y Deporte, Telefónica, Fundación Cáser y Adif [5].

Svisual hace posible que las personas sordas y con discapacidad auditiva puedan acceder a la información en igualdad de condiciones que el resto de la ciudadanía, uno de los aspectos que contempla la ley por la que se reconoce las lenguas de signos españolas.

Esta plataforma de video-interpretación permite a sus usuarios la comunicación a distancia y en tiempo real con otras personas sordas u oyentes. Cualquier persona sorda o con discapacidad auditiva puede acceder al servicio de interpretación que ofrece Svisual, y comunicarse con total autonomía en lengua de signos española, lengua oral, mediante la lectura labial o a través de sistema Chat.

Garantizar una comunicación personal, directa e inmediata por fin es posible gracias a este nuevo servicio. Svisual es la respuesta a las necesidades comunicativas del colectivo de personas sordas. La oportunidad de participar en un mundo más accesible.

3.2 ANÁLISIS DE LA WEB

Como se observa en la imagen inferior en la página de inicio de Svisual (Figura 9) aparecen una serie de iconos sobre los que se pincha y se accede a información de interés de carácter general (presentación, preguntas frecuentes, contacto e iniciar llamada a través del chat).

En el centro de la página aparecen una serie de videos en lengua de signos sobre el Servicio de interpretación a distancia, el servicio de signos y voz y el servicio de Svisual web que te puedes descargar pinchando sobre ellos. Para ello, has de descargarte en tu ordenador el programa "Windows Media Player" de Microsoft Corporation.

En el margen izquierdo hay un índice sobre el contenido de esta página Web que ofrece respuesta a las siguientes cuestiones:

- ¿Cómo funciona?
- ¿Cuál es el horario de Svisual?
- ¿Qué necesito?
- ¿Cuánto dinero cuesta?
- Confidencialidad
- Los video intérpretes
- Opciones del servicio
- Enlaces de interés
- Novedades

Figura 9. Página de inicio de Svisual

Descripción del índice

1. ¿Cómo funciona?

Su funcionamiento es muy sencillo. Svisual permite la conexión de audio y vídeo a tiempo real., a través de un video-intérprete que realiza las labores de interpretación solicitada por cada usuario con el fin de establecer una comunicación fluida con su interlocutor, ya se trate de personas sordas o con discapacidad auditiva o personas oyentes (ver Figura 6):

❖ Podrás ponerte en contacto con el servicio de video- interpretación a través de un teléfono convencional.

❖ Una vez que Svisual reciba tu llamada, un video-intérprete te solicitará alguno de los siguientes datos de contacto de la persona sorda o con discapacidad auditiva con la que deseas contactar:

Nombre y apellidos, en el caso de que se trate de un usuario registrado.
Dirección IP.

❖ El video-intérprete entrará en contacto con tu interlocutor a través de los datos facilitados y, cuando conteste, comenzará la video- interpretación.

En la figura 10 se muestra cómo funciona este servicio.

Figura 10. Funcionamiento de Svisual

2. ¿Cuál es el horario de Svisual?

El horario de atención es de **8:00** a **20:00** horas de lunes a domingo y días festivos.

En las **Islas Canarias**, el horario será de **7:00** a **19:00** horas debido a la diferencia de horario.

3. ¿ Qué necesito?

Podrás acceder al Servicio de Video-Interpretación a través de:

> ❖ **A través de nuestra Web** con un ordenador que cumpla unos requisitos mínimos(figura 11): Pentium 4, 1GHz, 512MB

Ordenador fijo o portátil

Figura 11. Ejemplo de portátil

Web Cam

Figura 12. Ejemplo de Web cam

Conexión ADSL

Conexión ADSL con cualquier empresa proveedora de servicios de internet (Telefónica, Orange, Ono, etc. Mínimo: 1MB de bajada; 384Kb de subida)

❖ **A través de videocámara vía televisión**

La conexión se realiza a través de......

Televisor con entrada RCA

Figura 13. Ejemplo de televisor con entrada RCA

Videocámara

Videocámara con conexión a Internet

Conexión ADSL

Conexión ADSL con cualquier empresa proveedora de servicios de internet (Telefónica, Orange, Ono, etc. Mínimo: 1MB de bajada; 384Kb de subida)

❖ **A través de videoteléfono**

Conexión ADSL

Conexión ADSL con cualquier empresa proveedora de servicios de internet (Telefónica, Orange, Ono, etc. Mínimo: 1MB de bajada; 384Kb de subida)

Videoteléfono

El videoteléfono (figura 14) debe tener entre sus características técnicas el protocolo SIP. Además, si tu compañía de teléfono lo exige, debes tener dado de alta el servicio de vídeo llamadas.

Figura 14. Ejemplo de videoteléfono

❖ **A través de móvil con tecnología 3G**

4. ¿Cuánto dinero cuesta?

La prestación de este servicio de video-interpretación es gratuita para las personas sordas o con discapacidad auditiva.

A través de Svisual, la Fundación CNSE pretende facilitar el acceso a la información de este colectivo. Una iniciativa que ha contado con el apoyo del Ministerio de Industria, Turismo y Comercio a través del Plan Avanza, el Ministerio de Educación, Políticas Sociales y Deporte, y de Telefónica.

5. Confidencialidad

Svisual garantiza la confidencialidad del servicio y la total privacidad de tus llamadas. Los puestos de video-interpretación están diseñados para preservar la intimidad de los usuarios y el contenido de sus conversaciones.

Los datos que se faciliten a Svisual estarán protegidos bajo la ley orgánica del 15/1999 de 13 de diciembre de Protección de Datos de Carácter Personal (LOPD), y las conversaciones que tengan lugar durante su utilización no serán grabadas.

A su vez, los mensajes que el interlocutor desee dejar en tu Video Mail (contestador) se depositarán en tu cuenta personal y tendrán una validez de una semana. Transcurrido este período, se eliminarán automáticamente siempre y cuando no desees conservarlos.

SVisual se compromete mediante el siguiente acuerdo de confidencialidad a velar por la privacidad de sus usuarios.

6. Los video-intérpretes

Los intérpretes que trabajan con Svisual son **intérpretes cualificados** con una amplia experiencia en servicios ordinarios de interpretación de la lengua de signos española, que han sido expresamente formados en la práctica de la video-interpretación y entrenados en las técnicas específicas y conocimientos que la interpretación por vídeo requiere.

Los video-intérpretes, al igual que en su trabajo diario como intérpretes de lengua de signos poseen y cumplen un código deontológico que garantiza la confidencialidad y privacidad de su llamada.

Están perfectamente entrenados para atender la modalidad específica de Servicio de video-interpretación que usted requiera, tanto si usted desea realizar la llamada en lengua de signos española, en legua de signos española con apoyo en la lectura labial o utilizar su propia voz para comunicarse y recibir la información en lengua de signos española con o sin apoyo en la lectura labial.

7. Opciones del servicio.

Svisual ofrece un servicio que se adapta a las necesidades de todos. A través de este servicio de video-interpretación (Figura 15), personas sordas o con discapacidad auditiva y personas oyentes, podrán comunicarse a través de la alternativa de comunicación que elijan.

·Personas sordas o con   ·Personas oyentes.

discapacidad auditiva.

Este servicio de video-interpretación te permite realizar sin ningún esfuerzo llamadas a cualquier persona oyente. Las diferentes opciones comunicativas que Svisual te ofrece...

El servicio de video-interpretación ofrece una tecnología nueva e innovadora que le permitirá comunicarse con personas sordas o con discapacidad auditiva con total comodidad, a distancia y a tiempo real...

Figura 15.Servicio de video- interpretación

Las principales opciones del servicio son las siguientes:

A) Servicio de video mail:

El servicio de Vídeo Mail de Svisual sirve para avisar de llamadas recibidas mientras se está ausente o no disponible. Este servicio, completamente gratuito, envía automáticamente un mail a la cuenta de correo electrónico, en el que se indica el nombre y número de contacto de la persona que ha intentado ponerse en contacto ellos. A su vez, ofrece la posibilidad de que la persona que ha llamado pueda dejar un mensaje. El contenido de este mensaje será interpretado por el video-intérprete y depositado en la cuenta personal de cada usuario, que podrá consultar sus mensajes cuando quiera y donde quiera. Los mensajes permanecerán grabados en dicha cuenta un máximo de siete días, pudiéndose eliminar una vez visionados. Si el usuario lo prefiere, Svisual ofrece la opción de grabar los mensajes en su propio ordenador y conservarlos el tiempo que desee.

B) Servicio de interpretación a distancia:

En aquellas entidades que tienen contratado el servicio Svisual, cualquier persona sorda o con discapacidad auditiva podrá acudir a ellas y realizar en persona cuantas gestiones y consultas necesite gracias al servicio de "Interpretación a Distancia". Cuando una persona sorda o con discapacidad auditiva acuda a una oficina de una entidad que ha contratado el servicio Svisual dispondrá de interpretación a distancia en lengua de signos, comunicándose con el videointérprete a través de un videoteléfono que la entidad pondrá a su disposición. La persona oyente que le atiende escuchará la interpretación realizada por el videointérprete gracias al auricular del videoteléfono y sus respuestas serán interpretadas en lengua de signos por el videointérprete.

C) Servicio de signo y voz

La modalidad de video-interpretación "Signo y Voz" es un servicio totalmente gratuito que Svisual ofrece a todos sus usuarios registrados. Gracias a este sistema, cualquier usuario sordo o con discapacidad auditiva podrá comunicarse con una persona oyente a través de su propia voz si así lo desea. El interlocutor oyente escuchará directamente sus palabras y responderá de igual forma a través del video-intérprete, que a su vez, interpretará la información en la modalidad comunicativa que cada usuario elija. Svisual se adapta a las características y preferencias de sus usuarios, ofreciéndoles un servicio personalizado.

1. Servicio de Svisual Web

Gracias al servicio de Svisual Web cualquier persona sorda o con discapacidad auditiva podrá acceder a Svisual desde un ordenador con webcam y conexión a Internet simplemente accediendo a la página web de Svisual e iniciando una llamada.

2. Servicio de Mensajería Instantánea

El servicio de mensajería instantánea es un complemento perfecto al servicio de video-interpretación que ofrece Svisual. Mediante esta opción, el video-intérprete conecta automáticamente con el servicio de mensajería instantánea de cada usuario en el mismo momento en que se establece la conexión. De este modo, los usuarios pueden intercambiar mensajes escritos con el video-intérprete y viceversa. Esto enriquece la comunicación y permite recibir y transmitir datos concretos como nombres propios, direcciones, números de teléfono, etc. a través del Chat.

8. Enlaces de interés

Fundación CNSE; La Confederación Nacional de Personas Sordas de España (CNSE); Asociación de Personas Sordas de Zaragoza y Aragón (ASZA); La Word Federation of the Deaf ; la European Union of the Deaf Youth; La Federación Española de Personas Sordas de la Comunidad de Madrid (Fesorcam) y la Federación Extremeña de Asociaciones de Personas Sordas.

9. Novedades

El horario de atención es de **08:00** a **20:00** horas de lunes a domingo, y días festivos.
En las **Islas canarias** ,el horario será de **07:00** a **19:00** debido a la diferencia de horario.

3.3. INFORMACIÓN DE INTERÉS

❖ **Despliegue de la plataforma de SVisual.**

La **Federación de Personas Sordas de Extremadura (FEXAS)** cuenta desde el 20 de mayo con un puesto de video-interpretación de la plataforma SVisual en su sede.

Esta iniciativa forma parte de un convenio para el despliegue de esta plataforma que ya han suscrito FESORCAM, FAXPG, FESORMU, FESOPRAS, FEXAS, FESORD, FESCAN, ASZA, FESORMANCHA, FAPSCL y FASICAN, con el objetivo de alcanzar una plena cobertura de servicios de video-interpretación para personas sordas tanto a nivel autonómico como estatal.

Así, el servicio de video-interpretación de SVisual, que desde su puesta en marcha en enero de 2009 ha tenido una excelente acogida, continuará con su implantación en diferentes entidades de la red asociativa de la CNSE a lo largo de los próximos meses.

❖ **Cómo silenciar el micrófono de mi webcam.**

Mirar el video que hay colgado en esta web para saber cómo puedes silenciar el micrófono de tu webcam cuando estás utilizando el servicio de SVisual.

Desde la página web de SVisual, acceder al acceso de llamada web. Una vez en la pantalla principal, pinchar con el **botón derecho sobre la imagen de la cámara (ver figura 16**).

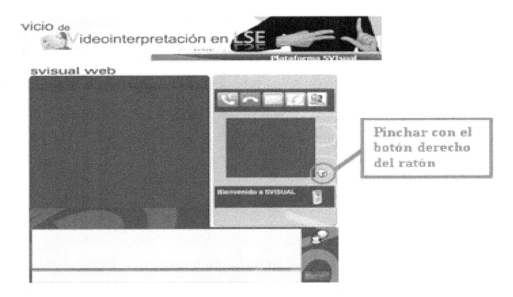

Figura 16.pantalla principal de Svisual

En el menú de opciones que nos sale, elegir la opción "**Configuración...**"(Ver figura 17)

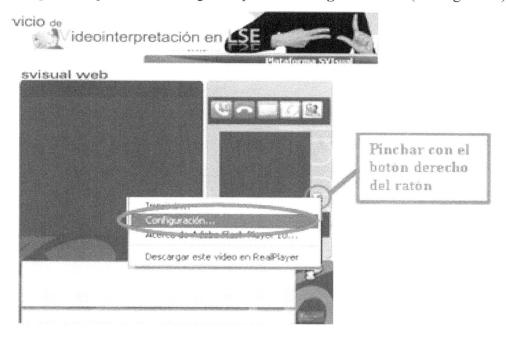

Figura 17. Imagen del menú de la página web de Svisual

Pinchar en la pestaña en la que aparece el **micrófono. (Ver figura 18)**

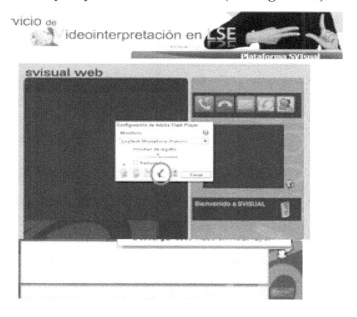

Figura 18. Imagen de la página web donde aparece "micrófono".

Luego, arrastrar el indicador del volumen completamente a la **izquierda hasta el nivel cero** (Ver figura 19).:

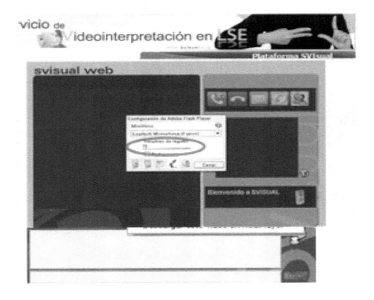

Figura 19.Localiza el indicador de volumen.

Y finalmente, darle a **"Cerrar"**.

❖ **Selección de la webcam que quiero utilizar con SVisual.**

Puedes seleccionar en tu ordenador la webcam que deseas utilizar para acceder al servicio de SVisual.

Desde la página web de SVisual, acceder al acceso de llamada web. Una vez en la pantalla principal, pinchar con el **botón derecho sobre la imagen de la cámara (Ver figura 20)**

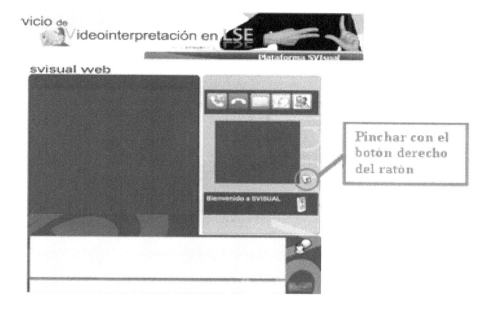

Figura 20. Página principal de la opción "llamada web".

En el menú de opciones que nos sale, elegir la opción **"Configuración..." (Ver figura 21)**

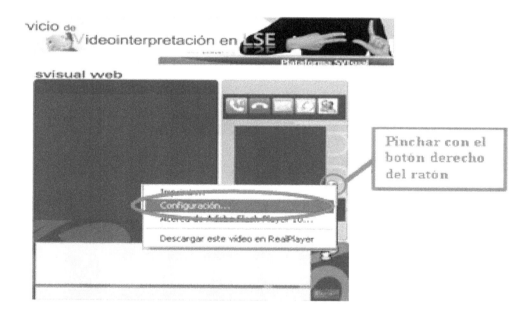

Figura 21 . Opción de Configuración

Pinchar en la pestaña en la que aparece la **cámara. (Ver figura 22):**

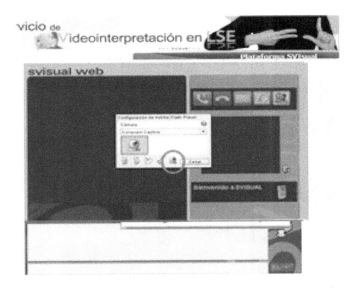

Ver figura 22. Pestaña de la opción "cámara"

Desplegar las **posibles cámaras** que están instaladas y elegir la que queremos. (Ver figura 23):

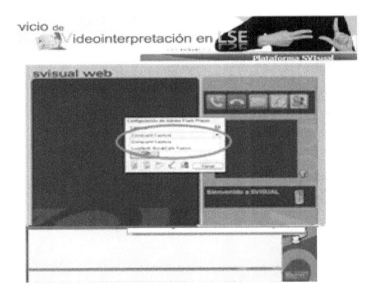

Figura 23. Relación de cámaras para su selección

❖ **Ya puedes crear tu cuenta.**

Ya puedes **crear tu propia cuenta** en el servicio de video-interpretación en LSE. En él puedes gestionar tus propios datos y crear tu lista de contactos.

Para finalizar, en la pantalla de inicio de SVisual aparece un recuadro en el que podrás registrarte y darte de alta creando tu propia cuenta. Para ello habrás de rellenar los datos personales así como tu usuario y contraseña con la que se te identificará.

3.4. ANÁLISIS Y DISCUSIÓN

Ventajas:

- Se trata de una Web con un formato muy sencillo, con unas palabras descriptivas claras que dan acceso al contenido al que hacen referencia.

- El uso de Svisual supone para la comunidad sorda una ruptura total de las barreras de comunicación a través del uso y aprovechamiento de las posibilidades que proporcionan las nuevas tecnologías de la información y comunicación.

- Permite la comunicación tanto a personas oyentes como a personas sordas.

- Permite la comunicación a través del mensaje escrito, lengua de signos y oral.

- la imagen para comunicarse en lengua de signos, se antepone a cualquier otra forma de comunicación.

- Proporciona información sobre los estándares y normas de calidad y usabilidad que cumple.

- Si estudiamos su Page Rank presenta un score de 6 sobre 10 lo que nos indica que es una página bien posicionada en Google y con alta relevancia en la Web.

- El uso de Svisual se ha extendido a entidades como (Adif, Caser y Mapfre).

- SVIsual garantiza la confidencialidad del servicio y la total privacidad de las llamadas.

Inconvenientes

- No permite la comunicación de los/as usuarios/as a través de foros y/o chat.
  - No hay enlaces a las redes sociales como Twiter y Facebook.

CAPÍTULO 4

4.1 INTRODUCCIÓN

Ciudad Sorda Virtual   (ver Figura 24) es un proyecto llevado a cabo desde la Fundación CNSE para la supresión de las barreras de comunicación en la Web [6]. Esta ciudad sorda virtual es la primera comunidad en la Red especialmente dirigida a las personas sordas y un verdadero ejemplo de accesibilidad a la información. Una urbe de vanguardia en Internet mediante la cual la Fundación CNSE ha trasladado la innovación tecnológica al entorno de las   personas   sordas.
Ciudad Sorda Virtual se encuentra estructurada en distintos barrios temáticos y dispone de un amplio abanico de espacios y recursos totalmente adaptados a sus usuarios, que no encuentran en ella ninguna limitación a la hora de utilizar servicios, participar en sociedad de intercambiar información, ya que a través de la incorporación de vídeos en lengua de signos española se han eliminado todas las barreras de comunicación.

Ciudad Sorda Virtual es un proyecto surgido de la necesidad de crear una web adaptada a la lengua natural de las personas sordas, la **Lengua de Signos**. Los objetivos que se persiguen con la creación de esta web son:

- Crear una herramienta donde las personas Sordas puedan comunicarse y disfrutar en su   lengua   natural.

- Crear una ciudad virtual adaptada a las personas Sordas.

- Ciudad Sorda Virtual pretende ser un punto de encuentro entre personas Sordas de muy   diferente   lugares.

- Conseguir que en un futuro sean ellos los que administren la página y controlen tanto el chat como el foro.

- Informar a las personas Sordas de todas las noticias y novedades que se producen en su colectivo.

(Figura 24. Página de Inicio de la Web Ciudad Sorda Virtual).

4.2 ANÁLISIS DE LA WEB.

❖ Página de Inicio de la Web Site Comunidad Sorda Virtual.

En la barra superior de la página de inicio, se pueden observar varios apartados con sus respectivos iconos que pinchando sobre ellos, dan acceso a la siguiente información:

Noticias de carácter general relacionadas con la comunidad sorda.

- **Novedades** sobre todo lo que suceda, por ejemplo, si se organiza una quedada, si se incorporan nuevos servicios a los Barrios, si hay algún evento como teatro, pantomima...

- **Archivos.** Aún está en construcción

- **Quienes Somos** ofrece información sobre la creación de esta web.

- **Contacta con Nosotros** proporciona la dirección, teléfono y correo electrónico de la CNSE.

- **Ayuda,** encontraremos la información relacionada con cómo registrarse en los barrios, en el chat, en el foro y en el correo electrónico.

A continuación encontramos la imagen de una ciudad dividida en barrios cuyo nombre pertenece a un personaje relacionado con la historia de la comunidad sorda.

Cada barrio, da acceso a una temática distinta y existe un icono que da acceso a la explicación del contenido del barrio a través de un video en lengua de signos. Así mismo este icono recoge la duración del video.

4.3 LOS BARRIOS Y TEMÁTICAS:

❖ Barrio de ROBERTO FRANCISCO PRÁDEZ

Educación y Formación

Si estás pensando en hacer un curso, aquí puedes encontrar uno hecho a tu medida. Si lo que necesitas es un buen manual o vas a solicitar una beca o ayuda para tus estudios, te ayudamos a buscarlo. (Figura 25)

Video LSE
Duración: 20 sg

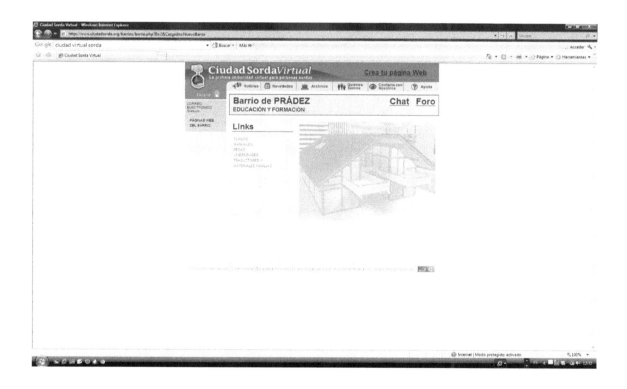

Figura 25. Barrio de Roberto Prádez

❖ **Barrio de HELEN KELLER**

Gente

Haz amigos, encuentra a tu media naranja y participa en cualquiera de los foros que te ofrece este barrio. Gente como tú te está esperando.(Figura 26)

Video LSE
Duración: 23 sg

Figura 26. Barrio de **HELEN KELLER**

❖ **Barrio de BEETHOVEN**

Música

Todas las novedades musicales, un completo calendario de conciertos de cada ciudad y la venta on-line de entradas para que disfrutes en directo de tus cantantes favoritos.(Figura 27)

Video LSE

Duración 20 sg.

Figura 27. Barrio de BEETHOVEN

❖ **Barrio de JUAN LUIS MARROQUÍ**

Lengua de Signos

Las más recientes investigaciones sobre la LSE a tu alcance en este barrio, donde podrás consultar los mejores glosarios y diccionarios que hay sobre la materia. (Figura 28)

Video LSE

Duración: 16 sg

Figura 28. Barrio de JUAN LUIS MARROQUÍ

❖ **Barrio de MARLEE BETH MATLIN**

Compras

Vente de compras! Encontrarás de todo en las tiendas on - line y te podrás pasear por los establecimientos más conocidos de tu ciudad.(Figura 29)

Video LSE

Duración: 17 **sg**

Figura 29. Barrio de MARLEE BETH MATLIN

❖ **Barrio de LORENZO GOÑI**

Empleo

Inserta tu demanda y consulta las ofertas disponibles en los mejores buscadores de empleo de la red. Y si no sabes cómo hacer un buen currículo o de qué manera actuar en una entrevista, te enseñamos. (Figura 30)

Video LSE
Duración: 30 sg

Figura 30. Barrio de LORENZO GOÑI

❖ **Barrio de OSVALDO PALLADINO**

Viajes, Turismo y Ofertas

Si te apetece hacer una escapada a algún lugar diferente te ayudamos a elegir entre playa, montaña o un viaje al extranjero gracias a una amplia oferta de agencias, rutas y destinos.(Figura 31)

Video LSE

Duración 31sg

Figura 31. Barrio de OSVALDO PALLADINO

❖ **Barrio de FRANCISCO DE GOYA**

Ocio y cultura

Son muchas las opciones de ocio que te ofrece tu ciudad. Date un paseo por este barrio y podrás acercarte a ellas. Lo último en cine y teatro, venta de entradas on-line, los mejores restaurantes y las citas culturales más interesantes sin moverte de casa.(Figura 32)

Video LSE

Duración: 30 sg

Figura 32. Barrio de FRANCISCO DE GOYA

❖ **Barrio de LAURENT CLERC**

Movimiento Asociativo

Todo sobre el movimiento asociativo de personas sordas lo encontrarás aquí. Conoce todas las asociaciones y federaciones que existen en España, cuáles son sus actividades y a qué se dedican. (Ver figura 33)

Video LSE
Duración: 27 sg

Figura 33. Barrio de LAURENT CLERC

❖ **Barrio de JAIME DE BORBÓN**

Encuentra la opción más rentable para invertir tu dinero c)on la información que te ofrecemos sobre Bolsa, bancos on - line , cambios de divisas o tipos de interés. (Figura 35)

Video LSE

Duracion: 30 sg

Figura 34. Barrio de JAIME DE BORBÓN

❖ **Barrio de VINTON CERF**

Nuevas Tecnologías

Visita en este barrio las páginas de recursos gratuitos y podrás descargar en tu ordenador interesantes novedades informáticas y de programación. Y si te interesan los últimos avances en materia de ayudas técnicas para sordos, te ponemos al día. (Ver figura 36)

Video LSE

Duracion: 35 sg

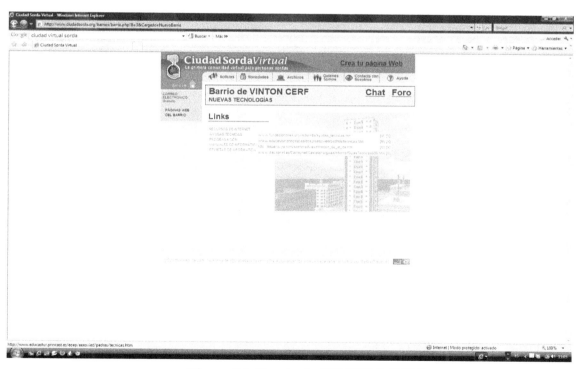

Figura 35. Barrio de VINTON CERF

Como se puede observar en cada uno de los barrios aparece un icono en color naranja que da acceso a un video que contiene esa misma información en lengua de signos.

Una vez registrado como usuario, desde el barrio tienes acceso a un chat y a un foro donde se puede consultar con otros usuarios sobre cualquier asunto relacionado con la temática.

Del mismo modo, desde la pantalla del barrio seleccionado podemos acceder a una serie de links que nos dan acceso a otros web site relacionados.

4.4. CÓMO REGISTRARTE.

Para acceder tanto a la información de los barrios como a sus foros, chat y correo electrónico el/la usuario/a ha de registrase aportando sus datos personales y Nick en los espacios reservados para ello.

A continuación vamos a describir cómo registrarse en cada uno de ellos.

❖ Cómo registrarte en los barrios

Elige el barrio o barrios a los que quieras pertenecer.
- Una vez elegido haz doble clic con tu ratón sobre el barrio.
- Se abrirá una ventana en la que te explica más detalladamente la temática del barrio.
- Si te interesa, haz clic en el botón de registro

Te abrirá una ventana con un formulario que deberás rellenar.
- Elige un nombre de usuario y una clave.
- Pincha en el botón de aceptar y ya estás registrado en el barrio que te interesa.
- Si quieres registrarte en más barrios sigue los pasos anteriores.

❖ Cómo registrarte en el foro

- El foro lo podrás usar para poner tus comentarios, opiniones, ideas..., siempre que tengan relación con el barrio al que pertenezcas.
- Para entrar en el foro sólo tienes que hacer clic sobre el botón que pone FORO. Hay uno dentro de cada barrio.

- Te abrirá una ventana en la que deberás escribir un nick por el que quieres que se te conozca.

- Dale al botón de aceptar y ya estás dentro del foro.

Recuerda:

Habrá   un   administrador   que   revisará   todo   lo   que   escribas.
- Si   no   cumples   las   normas   del   foro   serás   expulsado.
- Respeta   a   los   demás.
- No escribas datos personales en el foro, dirección, teléfono....

❖ **Cómo registrarte en el Chat**

El chat te permite mantener conversaciones en tiempo real con otras personas que pertenezcan a tu mismo barrio.

- Para entrar haz clic en el botón de CHAT.

- Te aparecerá una ventana en la que deberás escribir un nick por el que serás conocido en el chat.

- Registro del nick:

1. Es la primera vez que entras:

- Escribe un nick para ser conocido y pulsa aceptar.

- Si quieres reservar ese nick hay una opción que pone: reservar nick pinchas y das a aceptar.

2. Si ya tienes un nick reservado tienes varias opciones:

- Conectarte con el nick reservado

- Cambiar el nick reservado

- Conectarte con un nick que no esté reservado.

3. Si tienes un nick reservado te saldrá la opción de ser moderador solo podrás serlo si el administrador te da permiso, si lo hace marca donde pone moderador y a partir de ese momento tu nick llevará la @ delante sólo en esa sesión.

- Una   vez   dentro   de   chat   podrás   mantener   conversaciones   privadas.
- A la derecha te aparece la gente que está conectada en ese momento, pincha sobre la que quieras   para   mantener   una   conversación   privada.

• Si eres tú al que le piden una conversación privada te saldrá una ventana con el nick de la persona que te pide la conversación, tú podrás aceptar o cancelar esa conversación.

• junto a cada persona conectada hay una carita. Si pinchas sobre ella cambiará automáticamente y significará que esa persona queda ignorada y no podrá pedirte conversaciones privada, si pinchas otra vez sobre la cara, se reestablecerá y podrá enviarte privados.

• Cuando llevas la @ delante significa que eres moderador y entonces y solo entonces junto a cada nick de las personas conectadas habrá una opción de expulsar. Si es necesario expulsar a alguien tú serás el que lo haga pulsando sobre el botón de expulsar que está junto al nick de la persona que va a ser expulsada.

Recuerda:

• Habrá un administrador que revisará lo que escribas.

• Si no cumples las normas del chat podrás ser expulsado.

• Respeta a los demás.

• No escribas datos personales.

• Recuerda: no escribas en mayúsculas, significa que estás gritando.

❖ Cómo registrarte en el correo electrónico

• Una vez que te has registrado en un barrio, automáticamente se te concede una cuenta de correo electrónico con el mismo nombre de usuario y la misma contraseña.

• La cuenta de correo tendrá 10 megas.

• Si quieres acceder a tu cuenta en la página principal de Ciudad Sorda Virtual, hay un botón en el que pone: Acceso a correo electrónico. Pincha.

• Se abrirá la ventana correspondiente al webmail (parecida a la de hotmail).

• Habrá un recuadro en el que escribirás tu nombre de usuario y tu contraseña.

Recuerda:

• La cuenta de correo es intransferible.

• No reenvíes mensajes en cadena, falsas alarmas de virus, etc.

• No uses el correo con fines comerciales.

• No envíes correos de gran capacidad.

Como se puede observar es una página Web de fácil acceso para las personas con discapacidad auditiva usuarios de la Lengua de Signos y constituye una plataforma de encuentro para el colectivo que a través del Chat y del Foro se intercambian información relacionada con la temática de cada uno de los barrios de la ciudad virtual.

En el siguiente apartado vamos a continuar analizando otra página Web de especial relevancia para las personas sordas ya que constituye un servicio de comunicación utilizando los nuevos dispositivos de acceso a la comunicación. Las nuevas tecnologías de la comunicación y la información han hecho posible la creación de SVisual siendo uno de los proyectos más destacados en materia de accesibilidad y tecnología que ha desarrollado la Fundación CNSE y que han contribuido a reducir la brecha digital y eliminar barreras en la comunidad sorda.

4.5 ANÁLISIS Y DISCUSIÓN

Ventajas:

- La página Ciudad Sorda Virtual, desarrollada por la Fundación CNSE, ha sido la ganadora de los Premios AUI, en la categoría de Mejor Web.

- Si estudiamos su Page Rank presenta un score de 6 sobre 10, lo que nos indica que es una página bien posicionada en Google y con alta relevancia en la Web.

- Toda la información es accesible en lengua de signos española

- Ciudad Sorda Virtual es una urbe dividida en barrios que están dedicados a diferentes temas de interés. Cabe destacar, el Barrio de Goya, dedicado al Ocio y a la Cultura, el Barrio de Prádez que gira en torno a temas de formación y educación o el Barrio de Vinton Cerf centrado en las nuevas tecnologías.

- Al entrar en cada barrio, las personas sordas y oyentes que navegan en esta web pueden encontrar una breve descripción de su contenido, junto a la reseña biográfica de un personaje sordo ilustre.

- Desde cada uno de los barrios se puede acceder a través de links a otras páginas webs de interés que están relacionadas con la temática que interesa al usuario/a.

- Cada barrio dispone de su propio foro y chat(en el que hay que registrarse), desde donde el usuario puede intercambiar información de interés con otros usuarios.

Inconvenientes:

- Se observa una falta de actualización de la información.

- Los foros y chat de los barrios no son utilizados por los/as usuarios/as debido quizás, a las normas de uso.

- No proporciona información sobre los estándares y normas de calidad y usabilidad que cumple.

BIBLIOGRAFÍA

1. Web Fundación Telefónica. http://www.fundacion.telefonica.com/es/index.htm. Visitada el 15 de Septiembre de 2011.

2. Martínez Sánchez, M.A. Las nuevas tecnologías de la información y la comunicación y la comunidad sorda. ISBN 978-1-4476-7306-4. 2010.

3. Confederación Española de Personas Sordas. http://www.cnse.es/. Visitado el 12 de Julio de 2011.

4. Fundación CNSE para la supresión de barreras de comunicación. http://www.fundacioncnse.org/. Visitado el 15 de Septiembre de 2011.

5. Svisual.http//www.svisual.org. Visitado el 15 de Julio de 2011.

6. Ciudad Sorda Virtual. http://www.ciudadsorda.org/. Visitado el 20 de Julio de 2011.

www.ingramcontent.com/pod-product-compliance
Lightning Source LLC
Chambersburg PA
CBHW081227050326
40689CB00016B/3703